УЧЕБНИК ДЛЯ МАЛЫШЕЙ

Владимир СТЕПАНОВ

ЧТЕНИЕ ПО СЛО-ГАМ

ма-ма мы-ла ра-му

Художник И.Н. Приходкин

ООО «Издательство «Фламинго», 2011

Аа

А-на-нас и а-пель-син
Не рас-тут средь бе-лых льдин,
А рас-тут о-ни на ю-ге,
Да-ле-ко от бе-лой вью-ги.

Петь за-ду-мал бе-ге-мот
И от-крыл о-гром-ный рот.
Но не слыш-но
            в пес-не слов,
Слы-шен толь-ко
            страш-ный рёв.

Бб

Вв

Что ска-зать про ви-но-град?
То, что со-ком он бо-гат,
То, что сок е-го – вол-шеб-ный
Не про-стой он, а це-леб-ный.

Вы-ги-ба-ет ше-ю гусь:
Ни-ко-го я не бо-юсь.
Как на-чну щи-пать
            за пят-ки –
По-бе-жи-те без о-гляд-ки.

Гг

Дд

Дом у дят-ла без кры-леч-ка,
Дом дель-фи-на – без две-рей.
А у нас есть в до-ме печ-ка,
И тру-ба, и дым над ней.

Что кла-дёт в кор-зи-ну
                    Ви-ка?
Э-то е-же – е-же-ви-ка.
Мно-го я-го-док па-ху-чих
На вет-вях, как ёж, ко-лю-чих.

Её

Жж

Мол-ча жук си-дел
            в ка-нав-ке,
Мол-ча жук пол-зёт
            по трав-ке.
А ког-да он по-ле-тит–
За-жуж-жит он, за-гу-дит.

Зай-ка – се-ра-я фу-фай-ка,
Всех в ле-су бо-ит-ся зай-ка.
Как у-слы-шит зай-ка хруст–
Сра-зу спря-чет-ся под куст.

Зз

Ий

У ме-ня и-гла и нить,
Я у-чусь у ма-мы шить.
Ес-ли паль-чик у-ко-лю,
Йо-дом ран-ку я за-лью.

ЙОД

Ко-ло-коль-чик - ко-ло-звон-чик
На за-ре от-крыл бу-тон-чик.
Зна-ет каж-дый из ре-бят:
Он ре-ки и не-ба брат.

Кк

Лл

Про-ка-ти, ло-шад-ка, нас
Не о-дин, а мно-го раз.
По де-рев-не
    сде-лай круг
И сту-пай пас-тись
    на луг.

По-че-му у нас мы-шо-нок
Стал чу-ма-зым,
    как чер-тё-нок?
По-то-му, что нор-ку рыл,
А у-мыть-ся по-за-был.

Мм

Нн

Но-со-рог без лиш-них слов
В дра-ку бро-сить-ся го-тов.
Он не даст се-бя в о-би-ду –
Не-у-клюж он толь-ко
                          с ви-ду.

Оо

В не-бе о-бла-ко гу-ля-ло,
Вдруг о-но
            о-веч-кой ста-ло.
Бе-ло-ю о-веч-кой
Над про-хлад-ной реч-кой.

Пп

По-пу-гай со-бой гор-дит-ся,
У не-го на-ряд цвет-ной.
А е-щё у-ме-ет пти-ца
Раз-го-ва-ри-вать со мной.

Толь-ко ры-бы про-бу-ди-лись –
Чер-вяч-ка ис-кать пус-ти-лись.
Чер-вяч-ков на са-мом дне
Ло-вят ры-бы в ти-ши-не.

Рр

Сс

Над бо-ло-том стре-ко-за
Щу-рит круг-лы-е гла-за.
Стре-ко-за-раз-бой-ни-ца
За до-бы-чей го-нит-ся.

В о-го-ро-де тык-ва зре-ла,
Да на сол-ныш-ко
            гля-де-ла.
Ста-ла тык-ва глад-кой,
Ста-ла тык-ва слад-кой.

Тт

Уу

От крыль-ца и до ка-лит-ки
Три ча-са пол-зли у-лит-ки.
Три ча-са пол-зли
                    по-друж-ки,
На се-бе та-ща из-буш-ки.

Фи-лин ста-рый, фи-лин ум-ный,
У не-го по-лёт бес-шум-ный.
А гла-за – как фа-ры две,
Так и све-тят-ся в лист-ве.

Фф

Хх

Хот-та-бы-ча ха-лат
Слов-но зе-бра
　　　　　по-ло-сат.
Ес-ли тот на-деть ха-лат,
Бу-дет мне ха-лат до пят.

Из яй-ца, как из пе-лё-нок,
Вы-лез ма-лень-кий
　　　　　　цып-лё-нок.
Вот ка-кой он! По-смот-ри-те,
Ман-ной ка-шей на-кор-ми-те.

Цц

Чч

У Ка-тю-ши день рож-день-я!
Зна-чит, бу-дет чай с ва-ре́нь-ем.
Ка-тя чаш-ки до-ста-ёт,
Чай-ник важ-но нос де-рёт.

Ша-рик – круг-лы-е бо-ка –
Так и рвёт-ся в о-бла-ка.
Хо-чет он как пти-ца
Над зем-лёй кру-жить-ся.

Шш

Щ щ

Мо-гут щёт-ки чис-тить шу-бы,
Мо-гут щёт-ки чис-тить зу-бы.
Щёт-ки – э-то не тре-щёт-ки,
Нам всег-да по-мо-гут щёт-ки.

Твёр-дый знак и бук-ва Ы
В на-шей аз-бу-ке нуж-ны.
Твёр-дый знак –
    в подъ-ём-ном кра-не,
Ы в мы-шон-ке на ди-ва-не.

Ы Ъ

Ь лень

На у-рок при-шёл о-лень,
Стал чи-тать он
сло-во «лень»
Да не смог про-честь ни-как
Он за-был про мяг-кий знак.

Э-му – стра-ус длин-но-но-гий,
Э-му гор-дый, э-му стро-гий.
Хоть ле-тать он не у-ме-ет,
Он об э-том не жа-ле-ет.

Ээ

Юю

Юн-га плыл на ко-раб-ле,
Юн-га вёл ко-рабль к зем-ле.
Юн-га вёл ко-рабль у-ме-ло,
И впе-рёд смот-рел он сме-ло.

На фу-раж-ке мо-ря-ка
Ви-ден он из-да-ле-ка,
И го-рит, как о-го-нёк,
Зо-ло-тис-тый я-ко-рёк.

Яя

КТО КАК ХО-ДИТ

Кош-ка хо-дит по-ко-шачь-и,
Хо-дит кра-ду-чись о-на.

А со-ба-ка – по со-бачь-и
Хо-дит, гор-дос-ти пол-на.

По-у-ти-но-му у-тё-нок
Чуть враз-ва-лоч-ку и-дёт.

По-коз-ли-но-му коз-лё-нок
Ска-чет рож-ка-ми впе-рёд.

По-ло-си-но-му кра-си-во
Хо-дит лось в ле-су гус-том.

По-мы-ши-но-му пу-гли-во
Се-ме-нит мы-шо-нок в дом.

По-сло-новь-и хо-дит слон,
Тя-же-ло сту-па-ет он.

По-мед-вежь-и хо-дит миш-ка,
Ко-со-лап он с дет-ских лет.

И по-за-я-чьи зай-чиш-ка
Всё спе-шит
    за-пу-тать след.

По-гу-си-но-му гу-ся-та
Важ-но шест-ву-ют гусь-ком.
А по у-ли-це ре-бя-та –
Кто впри-прыж-ку,
          кто – шаж-ком.

ПРО КО-РО-ВУ

На луг хо-ди-ла –
Всех на-кор-ми-ла:

Баб-ке Ма-ла-ше –
Да-ла прос-то-ква-ши.

Де-ду Е-го-ру –
Сме-та-ны го-ру.

Внуч-ке Е-лен-ке –
Мо-ло-ка с пен-кой.

А лох-ма-то-му Друж-ку
Да-ла Ко-ро-ва тво-рож-ку.

КТО СПИТ ЗИ-МОЙ

Спать зи-мой ло-жат-ся
Ё-жик и Бар-сук.

В де-ре-ве трух-ля-вом
Спит у-са-тый Жук.

Спит Мед-ведь в бер-ло-ге,
Спит в но-ре Су-рок.

Ну а Зай-ка бе-лый
Спать зи-мой не лёг.

Не за-рыл-ся в листь-я,
Не за-лез в но-ру –
Бе-га-ет по ле-су
Да гры-зёт ко-ру.

ЛИ-СИЧ-КИ-НЫ ГРИ-БЫ

У Ли-сы гри-бов лу-кош-ко –
Мож-но Миш-ке дать не-множ-ко.

Толь-ко Миш-ка лю-бит мёд
И гри-бов он не бе-рёт.

Ну а Зай-ки-на лю-бовь –
Э-то слад-ка-я мор-ковь.

А Мыш-ка лю-бит зёр-ныш-ки,
Что вы-рос-ли на сол-ныш-ке.

Толь-ко Ё-жик рад гри-бам:
Он в ле-су их и-щет сам.

ПРО ТИ-ГРЁН-КА

У Зеб-рён-ка ма-лы-ша
О-чень доб-ра-я ду-ша.

И у ры-жих кен-гу-рят
То-же о-чень доб-рый взгляд.

Лев, хоть злой, но был с тиг-рён-ком
То-же лас-ков, как с ре-бён-ком.

Бе-ге-мот всег-да ре-вёт –
Уж та-ков он, бе-ге-мот!

А вот встре-ча с кро-ко-ди-лом
Вряд-ли кон-чи-лась бы ми-ром.

ЧТО СЕ-ГОД-НЯ НА О-БЕД

Что се-год-ня на о-бед?
У Зай-чон-ка – ви-нег-рет.

У Ли-сич-ки на сто-ле –
Зем-ля-нич-но-е же-ле.

На сто-ле у Мыш-ки –
Пи-ро-ги да пыш-ки.

А у Миш-ки –
            слад-кий мёд,
Он у пчёл е-го бе-рёт.

Бел-ке нра-вят-ся о-реш-ки,
Их о-на гры-зёт
                без спеш-ки.

Не то-ро-пит-ся и Слон –
А-пель-си-ны лю-бит он...

Как зве-ря-та по-е-дят –
Спать зве-ря-та за-хо-тят.

ПО-МОЩ-НИ-ЦА

Спле-ла Бе-лоч-ка кор-зи-ну. Из и-во-вых пру-ти-ков спле-ла. Ни у ко-го та-кой в ле-су нет: лёг-ка-я, проч-на-я, кра-си-ва-я.

Всё ле-то не рас-ста-ва-лась Бе-лоч-ка с кор-зин-кой... То гри-бы при-не-сёт, то я-го-ды, то зёр-ныш-ки с по-ля.

Од-наж-ды да-же Сквор-чон-ка в тра-ве на-шла. Вы-пал он из гнез-да, вот и по-те-рял-ся.

При-нес-ла Бе-лоч-ка Сквор-чон-ка до-мой и пря-мо в кор-зин-ке е-му до-мик у-стро-и-ла.

Под са-мый Но-вый год при-гла-си-ла Бе-лоч-ка дру-зей. Как у-ви-де-ли о-ни е-ё у-го-щень-е, так и ах-ну-ли: кто же те-бе, Бе-лоч-ка, по-мо-гал?

– Кор-зи-на! Кор-зи-на!–за-кри-чал Сквор-
чо-нок и за-пел так, слов-но на-сту-пи-ла
вес-на.

ДО-РО-ГА НА МЕЛЬ-НИ-ЦУ

Е-хал на те-ле-ге Во-ро-бей. Вёз Во-ро-бей на мель-ни-цу ме-шок с зер-ном. Е-хал не спе-шил да пе-сен-ки чи-ри-кал. То ли сам вы-ду-мы-вал, то ли слы-шал где-то – кто е-го зна-ет?

Дол-го он е-хал. У-стал. Стал зе-вать-по-зё-вы-вать, а по-том и вов-се у-снул. Спит Во-ро-бей, а те-ле-гу ло-шадь даль-ше ве-зёт. До-ро-га ей зна-ко-ма: сна-ча-ла по-ле, за по-лем лес, за ле-сом реч-ка, а за реч-кой и мель-ни-ца на го-ре.

Е-дет те-ле-га по-лем. Бе-жит на-встре-чу Мыш-ка. Вско-чи-ла на те-ле-гу. Ви-дит – на те-ле-ге ме-шок, в меш-ке – зер-но, а ря-дом Во-ро-бей спит.

За-хо-те-лось Мыш-ке зер-на. Не ста-ла о-на Во-робь-я бу-дить. Взя-ла не-сколь-ко зёр-ны-шек, а вза-мен се-ме-чек на-сы-па-ла.

Въе-ха-ла те-ле-га в лес. Вы-прыг-ну-ла из дуп-ла Бел-ка. Ви-дит – те-ле-га, на те-ле-ге – ме-шок, в меш-ке – зер-но, а ря-дом Во-ро-бей спит. За-хо-те-лось Бел-ке зер-на. Не ста-ла о-на Во-робь-я бу-дить. Взя-ла не-сколь-ко зёр-ны-шек, а вза-мен о-ко-ло меш-ка я-год-ки слад-ки-е по-ло-жи-ла.

Вы-е-ха-ла те-ле-га к реч-ке, а на мос-ту боб-ры. Ви-дят – те-ле-га, на те-ле-ге – ме-шок, в меш-ке – зер-но, а ря-дом Во-ро-бей спит. За-хо-те-лось боб-рам зер-на. Не ста-ли о-ни Во-ро-бья бу-дить. Взя-ли не-сколь-ко зёр-ны-шек, а о-ко-ло меш-ка во-ди-цы сту-дё-ной по-ста-ви-ли.

Подъ-е-ха-ла те-ле-га к мель-ни-це. Ос-та-но-ви-лась. Зар-жа-ла ло-шадь. Про-снул-ся Во-ро-бей. О-гля-дел-ся. Ре-шил по-о-бе-дать да за де-ло при-нять-ся. Смот-рит – а у-зел-ка с е-дой нет... До-ма за-был.

Вдруг ви-дит Во-ро-бей: о-ко-ло меш-ка се-меч-ки на-сы-па-ны, я-го-ды по-ло-же-ны, во-ди-ца сту-дё-на-я по-став-ле-на. От-ку-да э-то? Мыш-ка зна-ет. Бел-ка зна-ет. Боб-ры зна-ют. Мы зна-ем. А Во-ро-бью не-из-вест-но.

Не-из-вест-но – за-то вкус-но!

У-ГО-ЩЕ-НИ-Е ДЛЯ МЕД-ВЕ-ДЯ

Зим-ним у-тром вы-шел Волк на о-хо-ту. Спус-тил-ся он к ре-ке и у-ви-дел на бе-ре-гу Ко-та. Си-дит Кот на бе-ре-гу, ры-бу ло-вит. Це-ло-е ве-дёр-ко ры-бы на-ло-вил. Толь-ко хо-тел Волк у Ко-та ры-бу от-нять, а тут от-ку-да ни возь-мись Ли-са.

– Ты что, Волк? Сов-сем от го-ло-да со-весть по-те-рял? Кот и так с на-ми рыб-кой по-де-лит-ся.

– Да бе-ри-те хоть всю, – ска-зал Кот и за-ки-нул у-доч-ку в про-рубь.

– Вот спа-си-бо, – о-бра-до-ва-лась Ли-са. То-гда мы е-щё и Мед-ве-дя у-гос-тим.

– Вер-но, Ли-са, – по-че-сал за у-хом Волк. – Как По-та-пы-ча не у-ва-жить...

Раз-де-ли-ла Ли-са ры-бу на три куч-ки. О-дну, что по-мень-ше, Вол-ку о-ста-ви-ла, а две дру-ги-е, по-боль-ше, в ме-шок сло-жи-ла. Под-хва-ти-ла ме-шок, виль-ну-ла хвос-том – и в лес у-бе-жа-ла.

О-бер-нул-ся Кот к Вол-ку и го-во-рит:

– Эх ты, про-сто-фи-ля! Ли-се по-ве-рил: ведь Мед-ведь-то зи-мой в бер-ло-ге спит, не до рыб-ки е-му сей-час!

Бро-сил-ся Волк за Ли-сой – и до сих пор пой-мать не мо-жет.

Вот что зна-чит чу-жим у-мом жить.

Литературно-художественное издание
Серия «Учебник для малышей»

Владимир Александрович СТЕПАНОВ

ЧТЕНИЕ ПО СЛОГАМ

Азбука и стихи

Для младшего школьного возраста

Художник И.Н. ПРИХОДКИН

Подписано в печать 15.04.2011. Формат 60×84¹/₁₆. Тираж 30000 экз. Заказ № 1070.
ООО «Издательство «Фламинго», 2001. 127083, Москва, Верхняя Масловка, 16.
Тел.: (495) 614-76-50, 614-76-42, 614-42-03. e-mail: flamingo@orc.ru
www.izdflamingo.ru

Отпечатано в полном соответствии с качеством предоставленных издательством
материалов в ОАО «Тверской ордена Трудового Красного Знамени
полиграфкомбинат детской литературы им. 50-летия СССР».
170040, г.Тверь, проспект 50 лет Октября, 46.